新雅・名人館

詩仙

李白

新雅文化事業有限公司
www.sunya.com.hk

新雅‧名人館

詩仙 李白

編　　著：吉彤
內文插圖：黃穗中
封面繪圖：李成宇
策　　劃：甄艷慈
責任編輯：周詩韵
美術設計：何宙樺　李成宇
出　　版：新雅文化事業有限公司
　　　　　香港英皇道499號北角工業大廈18樓
　　　　　電話：（852）2138 7998
　　　　　傳真：（852）2597 4003
　　　　　網址：http://www.sunya.com.hk
　　　　　電郵：marketing@sunya.com.hk
發　　行：香港聯合書刊物流有限公司
　　　　　香港新界大埔汀麗路 36 號中華商務印刷大廈 3 字樓
　　　　　電話：（852）2150 2100
　　　　　傳真：（852）2407 3062
　　　　　電郵：info@suplogistics.com.hk
印　　刷：中華商務彩色印刷有限公司
　　　　　香港新界大埔汀麗路 36 號
版　　次：二〇一五年八月二版
　　　　　10 9 8 7 6 5 4 3 2 / 2016

版權所有‧不准翻印

ISBN: 978-962-08-6390-5
© 2001, 2015 Sun Ya Publications (HK) Ltd.
18/F, North Point Industrial Building, 499 King's Road, Hong Kong
Published and printed in Hong Kong

前言

李白，字太白，號青蓮居士，祖籍隴西成紀（今甘肅秦安）。唐代最傑出的浪漫主義詩人，被後人稱之為「詩仙」。

李白出生在西域碎葉（唐時屬安西都護府，今屬吉爾吉斯斯坦共和國）。五歲時隨父親移遷綿州昌隆（今四川江油縣青蓮鄉）。二十歲前後，他一面讀書，一面在四川境內漫遊，廣泛地接觸了中國的古代文化。他的思想，除受儒家經典薰陶外，還受縱橫家和道家的影響，世界觀比較複雜。二十五歲時，他「仗劍去國，辭親遠遊」，足跡幾乎走遍了半個中國。他在政治上不得志，四十二歲時才被唐玄宗召到長安，供奉翰林。但因傲視權貴，荒誕不羈，不到三年，就被玄宗「賜金還鄉」。五十六歲時參佐永王李璘幕府，卻又受李璘所累，被判「附逆」之罪，被流放夜郎（今貴州桐梓一帶）。幸好中途獲赦，回舟東下，回到潯陽。

六十一歲時前往李光弼軍中請纓殺敵，以圖暮年報効國家，但中途因病折回。第二年客死在安徽當涂縣令族叔李陽冰的家裏。

李白的詩現存九百多首，大部分都具有積極的浪漫主義精神。在表現手法上，善用誇張，如「桃花潭水深千尺」、「白髮三千丈」、「燕山雪花大如席」等。這種誇張手法又常常和他的豐富想像結合起來，產生擬人的表現手法，如「雁別愁心去，山銜好月來」等。他還往往把神話、傳說、幻想和誇張結合起來運用，構思出氣勢雄渾、情感奔放、色彩絢爛、奇異浪漫的巨作，如《夢遊天姥吟留別》、《蜀道難》等。在詩歌的語言上，他也取得了卓越的成就，形成了「清水出芙蓉，天然去雕飾」的生動、明淨、華美而自然的風格。

在中國古典詩歌的發展史上，李白上承屈原，下啟李賀、蘇賦、辛棄疾等，達到了浪漫主義藝術的高峯。

李白不愧為偉大的浪漫主義詩人。

目錄

一 李白出世

公元701年（武則天長安元年）的一天，在西域著名的絲綢之路上一個叫碎葉的地方，一間民居裏，傳出了嬰兒嘹亮的啼哭聲。

等待已久的嬰兒的父親迫不及待地撩開產房的門簾，三步並作兩步地走了進去。**產婆**①滿臉喜色地向他道賀：

「老爺，恭喜，恭喜。夫人生了一位公子。」

父親滿心歡喜地看着嬰兒，只見嬰兒白白胖胖，顯得十分健康。

父親又把眼睛轉向妻子，關心地問道：「你還好吧？」

妻子疲憊地躺在牀上，臉上掛着一絲淡淡的微笑。

父親又問：

「我們給孩子起個什麼名字好呢？」

---

①**產婆**：古時候稱接生的人為產婆。產婆一般由有接生經驗的中年以上的婦女擔任。

「我昨夜做了一個夢，夢見太白金星一下衝到了我的懷裏，」妻子吃力地說，「我們就叫他李白吧。」

「好，好，就叫他李白。」父親補充道，「字太白。」

於是這個嬰兒就有了一個日後響徹中華大地的名字——李白。

李白一歲時，長得活潑可愛。家裏人為了測試他未來的志向，按照習俗給他「抓周」。

家裏人把金銀珠寶、各種玩具和一本《詩經》放在牀上的各個角落，然後把李白放到牀中間。

知識門

抓周：

舊俗孩子周歲時，陳列各種玩具和生活用具讓他抓取，以為可以預測其一生性情和志趣。

李白轉動着他那大大的眼睛，似乎對牀上的金銀珠寶及各種玩具不感興趣，偏偏爬到那本《詩經》前停了下來。

他看看家裏人，又看看那本《詩經》，似乎還沒下定決心拿不拿。家裏人一個個忍住笑，也不給他一點暗示，都瞪大了眼睛，緊張地看着。

李白過了好一會兒，才像下定了決心，拿起了那本《詩經》。

他先笨手笨腳地翻開《詩經》看了看，又把《詩

經》高高地舉上頭頂，興高采烈地晃動着，弄得書頁嘩嘩作響。

家裏人不禁暗暗稱奇。因為那本《詩經》比較破舊，比起牀上的其他物品來一點也不起眼，李白為什麼偏偏抓到它呢？

父親看在眼裏，記在心頭。心想：莫非這孩兒將來在詩壇上會有一番成就？

李白稍大一點，父親便有意教他讀一些名人的詩作。李白果然聰明絕頂，一般的短詩，父親教讀一兩遍他便會背誦了。

可是有一天父親教他讀陳子昂的《登幽州台歌》時，卻發現李白背成了「前不見古人，後不見來者；念天地之悠悠，獨愴然而涕下下。」平白無故地為陳子昂的這首詩的最後一句添加了一個「下」字。

知識門

陳子昂：

唐初著名詩人。生於公元661年，卒於公元701年。《登幽州台歌》是他詩作中最廣為流傳的名篇。

父親糾正道：

「是『獨愴然而涕下』，不是『獨愴然而涕下下』。」

李白立即改正了：「獨愴然而涕下。」他還故意把「下」字讀得響亮有力。

　　父親又要李白將全首詩背誦一次，這次李白背誦對了。

　　第二天，父親又叫李白背誦這首詩，不料李白又將最後一句背誦成「獨愴然而涕下下。」這是為什麼呢？父親百思不得其解。看着李白一本正經地背誦詩的樣子，心裏又覺得十分好笑。

　　有一天，父親終於悟出了這其中的奧妙。

　　原來古詩講究對仗，父親以前教李白讀的詩都是對仗的。偏偏陳子昂這首詩的後兩句不對仗。李白背誦慣了對仗的詩，自然就認為既然上句以「悠悠」結尾，那麼下句的結尾就理所當然是「下下」了。

　　李白這時才三四歲，父親也從沒教過他對仗的道理，他卻無師自通、似懂非懂地悟出這其中的一點道理。

　　父親明白了這個奧秘，心中不禁大喜：孺子可教也！從此他更加用心地教李白讀書。

　　李白五歲時，因為碎葉時局動盪，父親決定帶全家遷回內地。

　　李白的高祖是在隋末因避戰亂逃難到碎葉的，經過幾代人的奮鬥，現在已經發展成幾十人的大家

知識門

隋末：
就是隋朝後期。隋朝建於公元581年，亡於公元618年。是中國歷史上較短命的一個朝代。

10

族。現在同樣是為了逃避戰亂，遷回內地。

有一天，當他們經過一個山口時，突然衝出幾個強盜。為首的手提一把大刀，指着李白的父親大聲嚷道：

「此路是我開，若要從此路過，留下買路錢！」

李白的母親嚇得臉色蒼白，緊緊地抱着李白一動也不敢動。李白因為年紀小，根本不知道發生了什麼事，只是瞪大了眼睛，好奇地看着那幾個強盜。

李白的父親從小學得一身家傳好劍法，他看強盜人數不多，決定和他們鬥一鬥。於是他抽出隨身帶的祖傳龍泉寶劍，帶着家族裏的十幾個男丁，和強盜打了起來。

幸好這幾個強盜都是無能之輩，只幾個回合就被打得傷的傷、逃的逃。

因為人生地不熟，李白的父親也不敢追趕，只是催大家快點趕路。

經過艱苦的長途跋涉，他們最後來到西蜀綿州**昌隆**[①]縣城南的青蓮鄉定居下來。

生活安定下來後，父親把李白送進了青蓮鄉的一所鄉間私塾。這所鄉間私塾的老師是個非常有學問的先生。

[①]**昌隆**：現在的四川江油。

私塾裏有幾十個小孩，其中五歲的李白年紀最小。但是他十分聰明，老師教他學「六甲」，他讀了幾遍就能背誦下來了，連那些比他大幾歲的小孩都不如他。

老師見李白聰明，十分喜歡他。有些功課老師常常先教李白，然後讓他背誦，給其他小孩做個榜樣。

老師常常對其他小孩說：

「你們看，李白小弟弟都會背誦了，你們這些大哥哥要努力才行啊！」

老師這一招果然靈，其他的孩子在李白的帶動下，學習也比以前用功了。

說來也奇怪，在朗讀的書中，李白最喜歡讀的就是《詩經》。雖然有些詩句他不大懂，但也背誦得琅琅上口。經過老師的講解，他一旦理解，更是背誦得聲情並茂。

知識門

六甲：

就是天干甲乙丙丁戊己庚辛壬癸；地支子丑寅卯辰巳午未申酉戌亥。古時用天干、地支相配引算時日，共十有甲子、甲戌、甲申、甲午、甲辰、甲寅，為六甲。

12

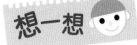

想一想

1. 李白自小展現出哪方面的才華？從何看出？

2. 你認為天賦的才華和後天的努力哪樣才是成功的關鍵？為什麼？

二 少年壯志

李白十歲時已經讀了許多書，他的記憶力特別好，許多讀過的書，他都能背誦。

因為他的聰明好學，掌握的知識比許多年齡比他大的小孩還多得多，所以大家都十分佩服他。

父母的寵愛，老師的喜歡，大家的佩服，使李白產生了驕傲自滿的情緒。有時碰到他不喜歡讀的書，他就沒興趣，鬆懈下來了。如果老師不在，他還常常偷偷跑出私塾，到野外去遊玩。

有一天，李白和幾個同學又偷偷溜出學校，你追我趕地來到一條小河旁的大樹下。

他突然發現，在小河邊有一位老婆婆在一塊石頭上使勁地磨着一根鐵杵，只見她磨得滿頭大汗也顧不得擦一擦。李白好奇地走向前去問：

「老婆婆，你這是在幹什麼呀？」

老婆婆看了李白一眼，笑着說：

「我要把這鐵杵磨成一根繡花針。」

李白大吃一驚：

「這麼粗的鐵杵，怎麼能磨成繡花針呢？」

老婆婆笑了一笑說：

「只要功夫深，鐵杵磨成針。只要是有心做一件事情，就沒有做不成功的。」

老婆婆的話給李白留下了深刻的印象，從這以後，他學習更加認真刻苦了。碰到不感興趣或一時弄不懂的功課，他也一定要弄懂為止。

後來他還把老婆婆說的：「只要功夫深，鐵杵磨成針。」恭恭敬敬地抄在紙上貼在書桌前，把它當成自己學習的**座右銘**[1]。

李白的父親擅長劍術，在父親的影響下，李白十幾歲時也想學習劍術。李白曾多次要求父親教他劍術，但他父親都說：

「你年紀還小，讀書要緊。」

他父親主要是怕李白學劍術影響讀書，也怕他學劍術沒恆心，學得不三不四，不但不能保護自己，反而引來殺身之禍。

李白見父親不肯教自己劍術，在讀書之餘，就偷偷

---

[1] **座右銘**：古人常在自己桌子的右上方刻上一些簡短而富有哲理的文字，用以鞭策自己的學習，警惕自己的言行。

地學。每逢父親練劍，他就偷偷地躲在一邊，聚精會神地看，將父親的套路記在心上，然後又找機會偷偷地練習。

日久天長，李白的劍術也有點模樣了，外行人看了，還真不知他的劍術水平已經達到了什麼程度。

有一天，李白趁着父親高興，就對父親說：

「爹，我練一套劍給你看吧。」

父親說：「你也會劍術？那好，你就練給我看看。」

李白立刻換了一套**練功服**[①]，手提一柄青龍劍，雙手一抱拳，向父親行了個禮，便舞起劍來。

父親開始時顯得很驚訝，這是家傳的劍術，自己從沒教過李白，他怎麼會練得如此似模似樣？

可是看着看着，又不禁緊緊地皺起了眉頭。

李白練完劍，又向父親行個禮說：

「孩兒請爹爹指教。」

父親問：「你這劍術是從哪兒學來的？」

李白有點得意地說：「平時見爹爹練劍，孩兒偷偷

[①]**練功服**：古時習武時穿的服裝。一般用黑綢做成，有緊身而舒適的特點。

學來的。」

父親厲聲道：「胡鬧！你這劍術表面看來似模似樣，實際上**邯鄲學步**，不得要領，你這樣學劍將來是要闖大禍的！」

李白站在那兒等着父親的誇獎，不料得到的卻是父親的訓斥，不禁有點喪氣。

還好李白很機靈，他一回過神來，立即跪在父親面前，苦苦哀求：

「正因為如此，孩兒才懇請爹爹教授家傳劍術。這樣一可強身健體，二可行俠仗義。你不是一向崇尚遊俠精神的嗎？幹嗎偏偏不教我劍術呢？」

父親見李白說得在理，一時竟無話可說。

他見李白聰明好學，偷偷學劍術尚能達到這樣的程度，實在難得。不如好好教他，免得他自己偷偷學，半懂不懂將來反而壞事。

於是父親對李白說：「好吧，我可以教你家傳劍術，但是你必須先答應我三件事。」

李白連忙答道：「別說是三件事，就是三十件事孩兒也答應。」

知識門

邯鄲學步：

《莊子·秋水》裏說：燕國有個青年人到邯鄲去，看見那裏的人走路的姿勢很好看，就跟着人家學。結果不但沒學好，反而連自己原來的走法也忘記了，只好爬着回去。

父親十分嚴肅地説：「那好，你給我聽着：第一，不許因為學劍影響了讀書；第二，學劍要持之以恆，不可三天打魚兩天曬網；第三，學劍主要是為了強身健體，切不可**以強凌弱**①。」

李白鄭重地説：「孩兒一定牢記爹爹的教誨！」

從此父親為李白安排好了時間，訂下了日程，開始教他劍術。

父親教得認真，李白學得更加認真，一招一式都練得毫不走樣。有時一個動作，他要反覆練幾十次甚至幾百次，直到完全理解、掌握，他才練下一個動作。

過了一段時間，李白的劍術果然大有長進，就是在行家的眼裏，也挑不出什麼破綻來了。

在學劍的同時，他也抓緊了讀書，真正做到了讀書練劍兩不誤。

---

①**以強凌弱**：憑仗自己強大就欺凌弱小。

想一想

1. 李白在河邊看見老婆婆用鐵杵磨針，他受到什麼啟發？

2. 從李白學劍一事，可見他的學習態度是怎樣的？

三 蜀中遊歷

隨着年齡的增長，李白越來越覺得鄉間的私塾不能滿足他的求知慾望，於是他開始了在**蜀中**的遊歷。

開始他只是在附近遊歷，後來他越跑越遠，在梓州、岷山、成都、峨眉山都留下了他的足跡。

知識門

蜀中：
蜀是四川的簡稱，蜀中就是指在四川之內。李白在二十五歲前的遊歷，一直沒有出過四川。

在離家不遠的地方有一座戴天山（也叫匡山），山腳下有座大明寺，這裏山青水秀環境幽靜，是個讀書的好地方。

李白常來這裏讀書，並遊覽戴天山，有時還和山上道觀的道士談論道經。他還給自己取了個別號，叫「青蓮居士」。

有一天，李白到戴天山去訪道士，剛好這天道士有事出門去了，李白很失望，就題了一首詩，抒發自己的心情：

訪戴天山道士不遇

犬吠水聲中，桃花帶露濃。

樹深時見鹿，溪午不聞鐘。

野竹分青靄，飛泉掛碧峯。

無人知所去，愁倚兩三松。

這首詩寫得語言清秀，對仗工整，把山林的自然景色寫得很有意境，顯示了李白早年的創作才華。

李白遊歷到峨眉山的時候，結識了一位名叫東嚴子的**隱士**[①]。這位東嚴子是個飽學之士。李白為他的學問所傾倒，就留了下來，跟他一起研究學問，幾年都沒回家。

他們在學習之餘，還飼養了成百上千隻珍奇禽鳥。這些禽鳥在他們調教下，會定時前來求食。牠們彷彿聽得懂人的語言，有時一聲呼喚，便從四面八方飛到屋前，有時甚至會飛到他們的手上覓食而毫不驚慌。

他們養禽鳥的事在當地傳為奇聞，越傳越遠，竟引來了綿州**刺史**[②]。這位綿州刺史怎麼也不相信人世間竟有這等奇事，便親自坐着轎子到山中來找東嚴子和李白證實此事。

綿州刺史向他們說明來意後，東嚴子說：

[①]**隱士**：有學問，淡泊功名，厭倦塵世而隱居山林的人。

[②]**刺史**：唐朝時地方官官名。

22

「這有何難，馬上就可以讓你看到此景。」

於是東嚴子和李白帶着綿州刺史來到屋前。東嚴子站在階前一聲長長的呼叫，聲音綿綿傳向山林深處。很快就有幾隻鳥兒飛了過來，而且越來越多，不一會，竟有幾百隻鳥聚集在他們住的屋前。

綿州刺史大為驚訝。李白站在他的身邊微笑着說：「請你把手伸出來。」

綿州刺史按李白的要求伸出手來，李白在他手上放上一小把穀粒，不一會兒，一隻鸚鵡飛到綿州刺史的手上啄食起來。綿州刺史簡直不敢相信自己的眼睛，如果不是鸚鵡啄得他手有點痛癢，他幾乎要懷疑這是不是在夢中。更令他驚奇的是，鸚鵡啄食完他手中的穀粒，竟怪里怪氣地連說了兩聲「謝謝」才飛走。

事後綿州刺史對東嚴子和李白說：

「你們學富五車，並能通鳥語，真是世上少有的奇人，我願意推薦你們去京城應試，將來也好有個一官半職，不知你們意下如何？」

不料李白和東嚴子都不願去考試。李白說：「現今朝政紊亂，公道全無，像我們這些人，不會出錢去行賄，也不懂得託高官求情，又怎可能高中。還是算了吧，免得受那些貪官之氣，到頭來又敗興而回。」他們

婉言謝絕了綿州刺史的好意。綿州刺史深感遺憾，臨走時一再對李白和東嚴子說：

「將來如果有事需要我幫忙，一定來找我。」

李白在東嚴子處住了很長一段時間後，又開始了遊歷。不久他又結識了梓州著名的縱橫家趙蕤。

趙蕤在前不久著成《長短經》十卷。他在這部書中分析天下形勢，講述興亡治亂之道，引起了李白的極大興趣。李白就拜趙蕤為師，跟他學習《長短經》。

趙蕤向李白詳細講述了**管仲**、**晏嬰**、**魯仲連**、**張良**、**諸葛亮**這些安邦治國的卓越政治家，他們的才華令李白欽佩不已，漸漸地使李白也形成了「濟蒼生」、「安社稷」的政治抱負。

知識門

管仲：
春秋時期政治家。被齊桓公委任為丞相。

晏嬰：
春秋時齊國大夫。

魯仲連：
戰國時齊國政治家。

張良：
漢初大臣。

諸葛亮：
三國時蜀漢政治家、軍事家。

這時唐朝經過一百多年的休養生息正走向她的全盛時期。唐玄宗較能採納大臣的意見，實行了一些對人民有益的政策。他還招賢納士，政治上也較為開明民主。

李白經過一年多的學習，他多麼想建功立業，為

強國富民作出一番貢獻啊！於是他告別了老師，繼續他的遊歷之旅，也順帶尋找機會，希望能在政治上一顯身手。

李白決定前往成都。經過綿州時，正好新任益州大都督府長史大人蘇頲也路過此地。這個曾任朝廷**禮部尚書**[1]的蘇頲也是當時著名的大作家，極有才學，寫得一手好文章。

李白知道後，就帶着自己的詩文去求見蘇長史。蘇長史看過李白的詩文，對他大加讚賞，説：「你的文章，極富文采，雖然思想深度還略顯不足，但只要繼續努力，一定可以和司馬相如的文章媲美。」

李白聽後説：「多謝前輩鼓勵，晚生志在四方，願為朝廷濟蒼生、安社稷，做一番事業。還望前輩能夠提攜晚生。」

蘇長史見李白不但長得英俊瀟灑，而且胸懷大志，談吐不凡，考慮到朝廷正值用人之際，於是約李白日後到成都相見，在成都驛館等他。

成都歷史悠久，名勝古跡也多。李白到成都後一邊遊覽名勝古跡，一邊等蘇長史的消息。

---

[1]**禮部尚書**：唐朝中樞機構的官名。

蜀中遊歷

一晃好幾個月過去了。李白遊遍了成都的名勝古跡，卻遲遲沒有得到蘇長史的消息。

有一天，李白親自找上門去想拜見蘇長史，可是衙署警衛森嚴，他根本無法見到蘇長史。後來李白託人尋問，才知道蘇長史薦舉過他，卻沒被採納。李白只好帶着無限惆悵悲涼的心情離開了成都。

經過這次挫折，李白更加明白了仕途的艱難。而在李白的那個年代，不進入**仕途**[①]，報効國家又從何談起？

李白黯然地回到了青蓮鄉，他在家一邊讀書，一邊又陸陸續續在蜀中遊歷，等待着報効國家的機會。

1. 李白為什麼不想去考科舉？
2. 是什麼樣的挫折，使李白更加明白了仕途的艱難？

[①]**仕途**：古時候稱做官為入仕。仕途就是指做官的途徑。

27

四 仗劍遠遊

公元725年（開元22年），李白二十五歲了。這年唐玄宗為了向全國和四鄰顯示國家的富裕和昌盛，在泰山舉行隆重的封禪大典。之後又把宮內的「集仙殿」改名「集賢殿」，顯示他**求賢若渴**[①]的心情。

李白聽到這些消息，大為振奮。這時他對自己的學業文章已很有信心了，加上他為國家為人民做一番事業的政治抱負已經確立，他決心離開蜀中，到更廣闊的天地中去施展自己的才能。

臨行前，父親親自為他佩上祖傳的龍泉寶劍，對他千叮嚀萬囑咐：「在家千日好，出門半朝難，你可要好自為之。如果實在不行，就馬上回來，家鄉的親人在等着你。」

李白一一答應着，當他想到馬上就要遠離故鄉，遠離父母，不知何日才能再見，一種依戀的感情不禁油然而生。但他又想大丈夫志在四方，要想建功立業，又豈

[①]**求賢若渴**：十分希望得到有才能的人，就像口渴的時候希望得到水一樣。

能做戀巢小鳥！他終於含着熱淚，辭別了父母，走向更廣闊的天地。

他乘船東進，在向三峽進發的途中，寫下了著名的《峨眉山月歌》：

峨眉山月半輪秋，

影入平羌江水流。

夜發清溪向三峽，

思君不見下渝州。

這首詩在短短的二十八個字中，嵌入了峨眉山、平羌江、清溪、三峽和渝州五個地名，佔了整首詩近半的篇幅，而毫無**斧鑿之跡**[①]，同時又將對故鄉的惜戀之情表現了出來。可見李白對文字的駕御能力已經達到很高的水平了。

李白沿江而下，先在江陵、金陵等地住了一段日子，之後又到了揚州。在揚州他生了一場病，在病中他格外思念故鄉的親人。一天夜裏，李白睡不着覺，看着窗外的朗朗明月，思鄉之情又湧上了心頭。他想：故鄉的親人大約也和我一樣在這明月的照耀下吧？於是不覺吟出了流傳千古的《靜夜思》：

[①]**斧鑿之跡**：用斧頭砍鑿出來的痕跡，形容粗糙的意思。

牀前明月光，

疑是地上霜。

舉頭望明月，

低頭思故鄉。

李白病好後，就離開揚州，又開始了他的遊歷生活。當他經過襄陽時，聽人說著名詩人孟浩然就住在這附近，於是決定前往拜訪。

幾經打聽，李白終於在襄陽南邊幾里外的峴山南園附近找到了孟浩然的莊園。孟浩然對李白的詩名早有所聞，現在見李白前來拜訪，當然十分高興。他們喝酒談詩，遊覽古跡，十分投契。

有一天，他們到峴山遊覽，見到了當地人民為懷念西晉名將羊祜而建的紀念碑。因為當地人民懷念羊祜的功德，見碑無不流淚，所以這座紀念碑又被人稱作「墮淚碑」。

李白見到這碑，一邊感懷着古人的功績，一邊不由地想到自己年近「**而立之年**①」還無什麼大的建樹，不免有些黯然。

孟浩然在一邊勸道：「你還年青，能文能武，寫得

---

①**而立之年**：孔子曾說過自己「三十而立」。就是說他三十歲的時候就立了業。後人常常用「而立之年」借代三十歲。

一手好文章，還愁日後沒出人頭地的機會嗎？」

李白本來就是個豪放的人，聽孟浩然這麼一說，也就馬上收拾心情。他十分感激地說：

「多謝兄長提醒！」

在孟浩然的莊園住了一段日子，李白辭別了孟浩然，離開襄陽，直奔安州首府安陽。

在安陽李白結識了前朝宰相許圉師的兒子許**員外**[1]，並暫住他家。許員外見李白一表人才，又能文能武，十分喜愛。

經過一段時間的交往，許員外有意將李白招為女婿。原來許員外尚有一女**待字閨中**[2]，長得才貌雙全，性情賢淑。由於家人太過寵愛她了，所以一直沒有找到合適的夫婿人選。

有一天，許員外趁着和李白一起遊覽的機會，故意問道：「你常年在外遊歷，家室可有人照顧？」

李白不經意地回答：「晚生一心只想建功立業，至今尚未婚娶。」

許員外一聽心中大喜，有意無意地說：「其實大丈夫也可以先成家，再立業的。」

---

[1] **員外**：中國古代官職之一，原指設於編制正員、定員以外的官員。
[2] **待字閨中**：舊時稱尚未出嫁的年輕女子。

過了一段時間，許員外終於鄭重其事地向李白提出招他為婿的要求。李白在許府住了一段時間，和許小姐也見過幾次面，知道她**溫文爾雅**[①]，喜歡讀書，琴棋書畫也無所不通，心中早對她有好感。現見許員外提親，不禁滿口答應，並立即改口稱許員外為岳父。

許員外十分高興，馬上擇好良辰吉日，為女兒和李白舉行婚禮。許員外家在當地是名門望族，所以婚禮舉行得十分熱鬧，當地官員紛紛前來賀喜。

從此李白就安心在許府長住下來。許府藏書甚多，經書子集、野史雜錄應有盡有。李白真是「如魚得水」，他進一步通過讀書充實自己。

許氏名宗璞，知書達理，性格溫柔。在李白讀書之餘，常常陪他下棋或撫琴輕歌一曲。有時和李白談論讀書心得，許多觀點還頗有見地。小兩口日子過得幸福美滿。

想一想

1. 李白二十五歲後離家遠遊，去過一些什麼地方？

2. 孟浩然的為人怎樣？

[①]**溫又爾雅**：溫文是指態度溫和，有禮貌；爾雅是指文雅。形容人的態度溫和，舉止文雅。

五 因才招禍

許員外在當地很有名望，和當地的許多官吏有密切的來往。為了提攜女婿，許員外也時常帶着李白參加一些當地官吏舉辦的活動。

有一天，許員外帶着李白參加安州都督府舉行的宴會。酒酣之際，郡督馬公提議凡能詩文者都寫一篇，大家比比看誰寫得最好。

這提議正合李白心思，只見他拿過筆墨，**一揮而就**[①]。馬公看了李白的文章，不由地連連稱讚。最後，他評定道：「這些詩文中以李白寫得最好。他的文章想像奇特，佳句連篇，真是叫人百讀不厭。」

李白見馬公如此盛讚自己，不由地得意萬分。但他萬萬沒有想到馬公的話，引起了在坐的另一位官吏李長史的不滿與嫉妒。這李長史當着馬公的面沒説什麼，卻暗暗記在心裏，心想日後有機會一定要整治一下李白。

[①]**一揮而就**：一揮手就完成了。這裏是形容李白寫文章寫得很快，很順利。

　　説來也巧，就在這次宴會後不久的一天，李白和幾個朋友喝完酒，帶着幾分醉意騎馬回家，正好撞在迎面而來的李長史的馬頭上。

　　因為李白沒有迴避，李長史勃然大怒，説李白犯了「衝撞」之罪。李白立即下馬謝罪。但李長史早有整治李白之心，説什麼也不肯輕易放過李白。他要李白寫認罪書，然後送到都督府聽候發落。

　　李白回到家裏悶悶不樂，也不想把這事告訴岳父。妻子許氏見他神色不對，問清緣故後勸他道：「既然你不想讓父親知道這事，寫認罪書就寫認罪書吧，反正也不是大不了的事，也算給李長史一個面子。」

　　李白當晚寫了認罪書，託熟人轉呈李長史，李長史看了李白的認罪書，又在認罪書上加了自己的批語，説李白會寫幾句歪詩就目中無人，這樣的人實在是不足稱道的。然後，他把李白的認罪書和自己的批語一道轉送郡督馬公。馬公本來有心推薦李白，見到李長史如此討厭李白，只好作罷。

　　李白因才華出眾，竟遭李長史如此刁難，他實在是不服氣。可不服氣又有什麼辦法呢？李白整日長吁短歎悶悶不樂。

　　為了擺脱煩惱，李白決定外出遊覽，於是他乘船來

到了**江夏**①。江夏是唐代重鎮，經濟文化都很發達，也有很多文人墨客。這些文人墨客對李白的詩名早有所聞，他們知道李白到了江夏，於是相約邀李白到**黃鶴樓**一聚。

黃鶴樓是江夏名樓，轟立在長江邊。登樓遠望，長江萬千氣象盡收眼底。凡到江夏的文人，都會到黃鶴樓一遊。

聚會那天，大家飲酒賦詩，十分高興。李白也將心中的不快暫時甩到一邊去了。酒過三巡，有人向李白提議：「李兄，大家早聞你的詩名，今日相聚，何不賦詩一首，以作留念。」

李白長歎一聲：「眼前有景道不得，崔顥題詩在上頭。」

原來在飲酒前，李白就在黃鶴樓的大廳裏仔細地看了古今文人墨客的題詩及**楹聯**。其中他最欣賞崔顥寫的一首《黃鶴樓》：

昔人已乘黃鶴去，此地空餘黃鶴樓。

---

①**江夏**：就是現在的武昌。

黃鶴樓：

中國名樓之一。1955年因建武漢長江大橋而拆除，後建於蛇山頭。

楹聯：

又稱「對子」、「對聯」，是詩詞形式的一種演變。相傳始於五代，自宋以來不斷推廣，現已成為藝苑中一朵雅俗共賞的奇葩。

黃鶴一去不復返，白雲千載空悠悠。

晴川歷歷漢陽樹，芳草萋萋鸚鵡洲。

日暮鄉關何處是？煙波江上使人愁。

這是一首弔古懷鄉之作，既寫了黃鶴樓周圍的景色，又抒發了作者懷念家鄉的情懷，堪稱詩中上乘之作。

李白從小聰明過人，有過目不忘的本領。現在見大家問他，他就把崔顥的《黃鶴樓》一詩背誦了一遍介紹給大家，大家一聽，果然是好詩。大家感歎之餘，又深為李白的謙虛而感動。

過了一段日子，孟浩然去揚州途經江夏。李白見到孟浩然十分高興，又約他到黃鶴樓飲酒論詩，席間還有一些文人墨客作陪。

孟浩然得知李白因才招禍的事，安慰了他一番：「人生在世，常常會碰到不如意的事，關鍵是要學會自己開解自己。不要總把一些不愉快的事記在心上，這等於是拿別人的錯誤懲罰自己。」

李白聽後只覺眼前一亮，連忙答道：「兄長所言極是，我們要做的事還很多，豈能和李長史那種小人糾纏不清。」

話題轉到作詩上，孟浩然說：「我們寫詩，不但要向古人學習，還要向民間學習。」

　　李白深有同感。他說：「小弟近年遊覽各地，搜集了不少民間小曲、小調，從中汲取了不少營養。這些民間小曲、小調初看不起眼，實際上是一所藝術的寶庫，裏面有取之不盡的寶藏。」

　　他們越談越投機，感情也越來越深厚了。孟浩然在江夏住了一段時間，終於要去揚州了，臨行前，李白在黃鶴樓為孟浩然餞行。孟浩然登船後，李白一直站在江邊，目送孟浩然遠去，直到他所乘的船消失在江水和天邊相連之處，李白才依依不捨地離開。事後，李白將這事寫成了《黃鶴樓送孟浩然之廣陵》：

故人西辭[①]黃鶴樓，

煙花三月下揚州。

孤帆遠影碧空盡，

惟見長江天際流。

想一想

1. 李白因為什麼「得罪」了李長史？

2. 李白才華橫溢，為什麼在黃鶴樓他卻不肯題詩？

[①]**西辭**：黃鶴樓的地理位置在揚州西邊，所以說是「西辭」。

六 屢遭失敗

李白在黃鶴樓送走孟浩然後，不久就回到了安陽。這時唐玄宗又下詔書：「草澤有文武高才，可詣闕自舉。」鼓勵民間有才華的人自我推薦。李白得知消息後十分高興，他向家人説明了自己要報効國家的心願。

許員外一直十分欣賞李白的才華，希望李白能有機會進京做官，報効國家，於是立即給在京城當官的姪孫許輔乾寫了一封信，讓李白去找他。

李白帶着岳父的信，興沖沖地趕到京城。許輔乾看過叔祖的來信，熱情地接待了李白。不久，許輔乾走了當今**駙馬**[①]爺張垍的門路，請他向皇上推薦李白。

這張垍也是個有才華的人，在朝中也享負盛名。他看了李白的詩作之後，十分吃驚。心想此人才學遠勝自己，如果讓皇上看中，留在身邊，便是自己的勁敵，得想辦法把他支走才是。

於是，張垍對李白説：「卿相薦士有許多規矩，有

[①]**駙馬**：皇帝女兒的丈夫。

時候一年半載奏折都到不了皇上那裏。我有個好辦法，保證你很快就可以如願以償。」

李白很高興，連忙向張垍請教。

張垍說：「當今玉真公主信奉道教，皇上特地在終南山建了座玉真觀給公主居住。玉真公主喜好吟詩作對，如果李兄到終南山找她，呈上詩文，她必定喜歡得不得了，到時她給皇上說說，事情就好辦了。」

李白找到玉真觀，卻發現門口掛着蜘蛛網，推門進去，院內雜草叢生，十分荒涼。

李白很奇怪，便到附近一間民居詢問。一個老伯告訴他，這玉真觀已修了好幾年了，公主只在頭兩年來住過幾天，以後就再也沒有來過。李白聽了，不禁恍然大悟：上山找玉真公主，實際上是張垍策劃的一個拙劣的把戲，目的是要支走他。但他實在想不通，自己想報效國家的願望為什麼就這麼難實現。以張垍駙馬爺的身分，在皇上面前推薦一下自己也絕非難事，可他為什麼就是不願幫自己一下，還精心搞了這麼一個騙局呢？

李白悶悶不樂地離開了終南山，一路遊歷，回到安陽。李白的家庭生活是幸福美滿的，但溫馨的家庭生活沒有使李白忘記自己的理想抱負。可是理想與現實又相距甚遠，讓李白感到茫然。

一天，李白送友人入蜀，引發了他的詩興。於是他寫下了膾炙人口的《蜀道難》。

在《蜀道難》這首詩中，李白三次寫道：「蜀道之難難於上青天」。李白在這裏實際上是借蜀道的艱難，影射仕途的坎坷，抒發心中的悲憤。

在安陽閒居的日子裏，李白寫下了大量傳世之作。其中《行路難》（其一）是其代表作之一：

> 金樽清酒斗十千，玉盤珍羞值萬錢。
>
> 停杯投箸不能食，拔劍四顧心茫然。
>
> 欲渡黃河冰塞川，將登太行雪滿山。
>
> 閒來垂釣坐溪上，忽復乘舟夢日邊。
>
> 行路難！行路難！
>
> 多歧路，今安在？
>
> 長風破浪會有時，直掛雲帆濟滄海！

李白在這首詩中感歎了世途的艱辛，表達了他不願在困難面前低頭的勇氣，寄託了他對未來的希望。

李白一邊寫詩、交友，一邊等待着機會。一次，他聽説荊州大都督府長史韓朝宗學問

知識門

垂釣坐溪上：
傳說周朝開國功臣呂尚（即姜太公）很有才能，但一直沒人用他。他年紀很大了，隱居在渭河邊釣魚。周文王知道他的才能後，親自請他出來治理國家。

淵博，擅長詩文；為人正直，又常提攜後進之士。於是又動了去拜見韓長史的念頭。

　　李白知道孟浩然和韓長史私交頗深，於是在拜見韓長史之前先去拜訪了孟浩然。幾年不見，老朋友相聚自是分外高興，他們飲酒吟詩好不快活。最後，李白説出了想通過韓長史推薦自己的想法。

　　孟浩然早已隱居，對做官的事不感興趣。但看在老朋友的份上，最後還是答應為李白引見。

　　在孟浩然處住了一段日子，李白拿着他的書信到荊州去拜見韓長史。

　　韓長史也早聞李白詩名，加上是孟浩然的引見，所以對李白格外熱情、客氣。在交談的過程中，韓長史發現李白才氣過人，果然不凡。但他又覺得李白**恃才傲物**①、鋒芒畢露。按這樣的性格進入官場，無非是兩種可能：一是日久天長，得罪上司，不但前程盡毀，還可能危及性命；二是屈服於習慣勢力，變得圓滑，那他也寫不出好詩了。不論哪種結果，都對李白不利。於是韓長史決定不向上推薦李白了。

---

①**恃才傲物**：恃就是依靠、憑藉的意思；物這裏是指人，公眾。恃才傲物就是指憑藉自己有才能而傲氣凌人。

　　但韓長史這些想法又不便當李白面明說。於是他當面對李白的詩文大加讚賞一番後，叫他先回孟浩然處等消息。

　　李白滿心歡喜地回到孟浩然處，可是時間一天天過去了，他卻始終沒有得到韓長史薦舉他的消息。這一天，他實在忍不住了，便追問孟浩然。

　　孟浩然早就收到韓長史的來信。他一方面不忍過早使李白掃興，另一方面又想多留李白住一段時間，所以一直沒有和李白明說。現在見李白問他，只好將韓長史的意思轉告。

　　李白聽後，心情極為**沮喪**[1]。他黯然辭別了孟浩然，回到安陽。幾次求官希望報効國家，但卻屢屢失敗，使李白產生了一種報國無門的悲憤心情。懷着這種悲憤的心情，他寫出了千古名篇《將進酒》：

　　君不見黃河之水天上來[2]，奔流到海不復回！

　　君不見高堂明鏡悲白髮，朝如青絲暮成雪。

　　人生得意須盡歡，莫使金樽空對月！

　　天生我材必有用，千金散盡還復來。

---

[1] **沮喪**：因失望而灰心。
[2] **黃河之水天上來**：黃河源於青海省。「天上來」是誇張的修辭方法。

烹羊宰牛且為樂，會須一飲三百杯。

岑夫子，丹邱生。將進酒[①]，杯莫停！

與君歌一曲，請君為我傾耳聽！

鐘鼓饌玉不足貴，但願長醉不願醒！

古來聖賢皆寂寞，唯有飲者留其名。

陳王昔時宴平樂，斗酒十千恣歡謔。

主人何為言少錢，徑須沽取對君酌！

五花馬，千金裘，呼兒將出換美酒，

與爾同銷萬古愁！

李白這首詩寫得氣勢磅礴，既寫出了他豪放的性格，又寫出了他憂愁的情感。

他堅信：天生我材必有用！他堅信自己報効國家的心願總有一天能實現！

想一想

1. 韓長史為什麼不向上推薦李白？

2. 你覺得《將進酒》這首詩有哪幾句最能打動你？為什麼？

[①]**將進酒**：這裏是執持酒杯的意思。

七　應詔入京

公元742年，天下太平。唐玄宗改元天寶，大赦天下。

李白這時已經四十二歲了，就在這年秋天，唐玄宗下詔召李白進京。李白接到詔書，不由感慨萬分：十多年來自己一心希望能得到君王的任用，卻一直沒有機會；如今自己已經漸漸淡忘了此事，機會卻突然來到了面前。真是「有心栽花花不發，無心插柳柳成蔭」啊！

李白告別了家人，趕赴長安。同時寫下詩作《南陵別兒童入京》。他在詩中寫道：「仰天大笑出門去，我輩豈是蓬蒿人[①]。」得意之情，溢於言表。

李白來到長安城，在招賢館住下。因為有徵召文書，他在館裏的住宿、用膳一概免費。晚上李白躺在溫暖的被窩裏，回憶起自己這十多年的奮鬥經歷，如今一切都如願以償了。他想等玄宗召見時，一定要好好和皇

[①]**蓬蒿人**：蓬蒿，也就是茼蒿；一年生或越年生草木，嫩葉可供食用。蓬蒿人就是指地位低下的黎民百姓。

上談談自己「濟蒼生」、「安社稷」的想法，輔助皇上把大唐王朝建設得更加強大，讓黎民百姓的生活過得更加富裕。

在等待皇上召見的日子裏，李白在長安城裏遊覽名勝古跡。這天，他來到紫極宮（即玄元廟），無意中碰到著名詩人賀知章。李白連忙上前打招呼：「賀老，真是幸會，李白沒想到會在此見到你。」

賀知章這時八十五歲，童顏鶴髮，身體硬朗。他也認出了李白：「啊，是謫神仙李白，你也來遊紫極宮？幸會，幸會。」

賀知章當時能稱李白為「謫神仙」，實在是對李白最高的褒獎。後人稱李白為「詩仙」就是源於此時。

接着賀知章邀請李白到就近的酒樓飲酒談詩。席間賀知章對李白的

知識門

謫神仙：

天上降下來的神仙。這裏是指李白的清高拔俗。唐代迷信，連皇帝都提倡人神交往，相信人神之間可以互通信息。所以賀知章稱李白謫神仙也不足為怪了。

詩大加讚賞，他尤其喜歡《蜀道難》，認為這樣的詩作非凡人能寫。李白也説從小就喜歡讀賀老的詩，還立即背誦了其中幾首，引得賀知章哈哈大笑。

接着李白又向賀老請教了一些朝廷禮儀，兩人喝完酒，賀知章叫店主結帳時才發現自己沒有帶錢來。他順

手將隨身帶的小金龜飾物交給店主充當酒錢。

不久唐玄宗在金鑾殿召見李白。李白面對滿朝文武百官沒有絲毫膽怯，他神態自若，氣宇軒昂，對皇上的問話對答如流。唐玄宗見他儀表非凡、神采飛揚，也滿心歡喜，當即對他說：「李愛卿，今後你就供奉翰林，隨時待詔吧！」

李白就這樣住進了翰林院。不少朝廷官員紛紛前來拜訪，翰林院的同僚們也紛紛前來看望。李白對此一一**虛以委蛇**[①]，心裏卻老是想着怎樣才能和皇上深入交談他的「濟蒼生」、「安社稷」大計。

此時唐朝已進入太平盛世，唐玄宗做了三十年太平天子，自以為江山永固，早把社稷大事忘在腦後，一心只想及時行樂。他把李白召進宮就是想利用他的文采來點綴太平的，哪裏想到李白還有「濟蒼生」、「安社稷」的雄心壯志呢？

李白常常奉旨草擬一些詔書文誥，有時也寫一些應景詩文。唐玄宗見他文采出眾，也常常賞賜一些金銀珠寶給他。皇上的寵愛，使得一些同僚十分羨慕李白，但也有人因此而產生了嫉妒之心。而李白一方面發自內心

[①]**虛以委蛇**：委蛇就是隨便應付的意思。這裏是說假意殷勤，敷衍應酬。

地感激皇上的器重，另一方面卻又為無法施展自己的政治抱負而苦惱。有時他甚至萌發了歸隱之意。

李白在等待着機會，希望有朝一日皇上能在政治上重用他。可是時間一年又一年地過去了，這種機會卻始終沒有降臨。日久天長，李白仕翰林院也耳聞目睹了不少**宦官**弄權的黑暗內幕，更使他感到大唐王朝的太平盛世潛伏着極大的危機。

隨着時間的流逝，李白越來越感到內心苦悶。與此同時，由於李白生性高傲，不善處理朝廷內的人際關係，佩服羨慕他的人越來越少，懷恨嫉妒他的人卻越來越多。

知識門

宦官：

中國古代在皇宮裏專門服侍皇帝、皇后和妃子的被閹割了的男性。宦官分很多等級，等級最高的可以官至二品，權力很大。

李白就在這種環境下過着表面春風得意，內心苦悶難言的生活。

為了排遣心中的苦悶，李白常常不顧翰林院無事不得擅離職守的規定，偷偷溜到長安城裏的酒樓飲酒。可是借酒銷愁愁更愁，李白往往喝得爛醉如泥。皇上召他起草詔書、侍從遊宴，有時竟連人也找不着。

有一天皇上陪妃子楊玉環到梨園教坊看她們排演《霓裳羽衣曲》。看了一會兒，皇上覺得歌女們唱的

曲子都不美，於是心血來潮，宣召李白立即前來填寫新詞。

皇上的貼身宦官高力士連忙趕到翰林院，可翰林院上上下下就是找不到李白的蹤影。高力士知道李白又去喝酒了，他急得滿頭大汗，又匆匆趕到李白常去的酒樓。李白果然在那裏。

高力士急得衝着李白大叫：「李學士，快！皇上宣你進宮。」

李白這時早就喝得醉醺醺的了。他醉眼矇矓地看着高力士説：「什麼？皇上又請我去喝酒？好啊，好啊，來，過來，你也喝一杯！」

高力士哭笑不得，叫人把李白塞進轎子就往回跑。

想一想

1. 賀知章為什麼稱李白做「謫神仙」？

2. 李白被皇帝召進宮後，日子過得快樂嗎？

八 得罪權貴

李白被抬回宮裏時早已爛醉如泥了。高力士把他抬放到一張大木牀上，卻怎麼也推不醒他。

高力士氣惱地看着李白，心想皇上、妃嬪和宮廷樂師、歌舞伎都在等着他的新創作，可他卻還在醉鄉！這樣的人能寫出什麼好東西？詩仙？醉鬼還差不多。

高力士只好向皇上啟奏：李白飲酒過度，現已入醉鄉，無法再填詞了。高力士本想激怒皇上處罰李白。不料皇上知道李白醉了，不但沒有生氣，反而十分關心地來到牀前看望，並叫御膳房為李白做醒酒酸梅湯。

高力士見皇上如此關心李白，心中很不服氣。

折騰了好一會兒，李白終於慢慢地睜開了眼睛。

皇上見李白醒過來了，心裏十分高興。又見他的靴子沾滿了泥土很不雅觀，於是對他説：「李學士，把靴子換了吧，大家還等着你填寫新詞呢。」

李白醉眼矇矓地看着大家，其實他酒醉心不醉。他平時就看不慣高力士的所作所為，現在正是當眾戲弄他的好機會。李白借着酒勁，把腳伸向高力士道：「脱

靴！」

高力士怔住了。

這高力士從小進宮，服侍皇上多年。因為機靈乖巧，所以深得皇上歡心；加上皇帝**登基**①時，他在宮廷鬥爭中曾有功於皇上，所以被皇上封為冠軍大將軍和右監門大將軍，官至二品，也算得上權傾朝野了。而李白雖然是翰林學士，名揚天下，卻沒有正式官職，還是平民百姓。天下哪有將軍為平民脫靴的道理？

李白見高力士愣在那裏不動，又不依不饒地對他說了一聲：「脫靴！」

高力士偷偷看了皇上一眼，皇上正在欣賞李白的醉態，似乎對他的話並不在意。高力士不敢讓皇上掃興，只好忍氣吞聲地為李白脫下髒靴子，換上新靴子。

換好靴子，李白站起來，腳步**蹣跚**②地走到書桌前，只見他拿起筆就在鋪好的紙上寫起來。他筆走龍蛇，刷刷有聲。只一會功夫便寫成三首《清平調》：

其一

雲想衣裳花想容，

---

①**登基**：「登」原意是由低處往高處升的意思。此處登基指新封為皇帝。
②**蹣跚**：走路緩慢，搖搖擺擺，跌跌撞撞。

春風拂檻露華濃。

若非羣玉山頭見，

會向瑤台月下逢。

其二

一枝紅豔露凝香，

雲雨巫山枉斷腸。

借問漢宮誰得似，

可憐飛燕倚新妝。

其三

名花傾國兩相歡，

長得君王帶笑看。

解釋春風無限恨，

沉香亭北倚欄杆。

眾人都等着看李白的笑話，不想他一氣呵成，連寫三首！

皇上看過李白的《清平調》三首，大加讚賞：「李學士才思敏捷，新詞寫得絕妙，不但詞寫得好，這書法也好。如此天才，翰林院誰人能比！」

楊玉環看過李白的三首《清平調》，見首首都是讚美

自己漂亮的，更是喜不自禁。連忙叫樂師歌伎拿去排演。

李白這次出盡了風頭，卻把高力士徹底地得罪了。他酒醒後，心中明白：這三首詞雖然寫得不錯，但內容卻無非是風花雪月。難道自己真的一輩子只能當個御用文人，寫些裝點門面的詩詞嗎？他實在是心有不甘啊！

高力士自從當眾受脫靴之辱後，一直耿耿於懷，伺機報復。可是皇上那麼器重李白，又該從何下手呢？

不久以後，宮中舉行夜宴，皇上又傳召李白侍宴。當夜宴進入高潮時，皇上命李白作詩記載夜宴盛況。他知道李白擅長歌行體，長短句不拘，隨心所欲，就有意叫李白以《宮中行樂》為題，寫十首五言律詩。

李白知道皇上有心考他，也不推辭，拿起筆就龍飛鳳舞地寫了起來。不一會兒，十首五律就寫好了。皇上從侍衛手中接過詩一看，不由大吃一驚。他原以為李白只擅歌行體，不擅宮廷詩，不料李白寫得比宮廷詩人還要好。不僅語言清新、詞藻華麗、音韻和諧，而且寫出了李白的思想願望。他在第三首中寫道：「君王多樂事，還與萬方同」是希望皇帝能與萬民同樂。他在第五首中寫道：「今朝風日好，宜入未央遊。」

知識門

宜入未央遊：
未央就是未央宮，未央宮是唐代的議政大殿。李白在此用一個「遊」字婉轉地提醒皇上不要忘記國家大事。

是希望皇帝在行樂的同時，還要記住國家大事。

唐玄宗見李白才華如此出眾，又聽說他時有歸隱之意，為了能把李白繼續留在朝廷，就打算授李白一個實職。

高力士知道皇上的打算後，就找機會對皇上說：「給實職就要幹實事，李白遊蕩慣了，恐難勝任。上次皇上召他，奴才就是在酒樓找到他的，當時他已喝得酩酊大醉了。依奴才之見，他還是供奉翰林為好。」

唐玄宗見高力士說得有理，就打消了授李白實職的念頭。

高力士有一天看到楊玉環在賞花時若有所思，就上前討好地問道：「娘娘在想什麼呢？」

楊玉環隨口說：「『雲想衣裳花想容，春風拂檻露華濃。』多美的詩句啊，可惜像李白這樣有才華的人太少了。你說是嗎？」

高力士看看周圍沒有別人，便說出他蓄謀已久的話來：「娘娘錯了，依奴才之見，李白那是借寫詩在罵娘娘你呢。」

「他罵我？」楊玉環一臉不解地追問，「他怎麼罵我？」

「『借問漢宮誰得似，可憐飛燕倚新妝。』這不是

分明將娘娘比作漢宮的趙飛燕嗎？」

「那又怎麼是罵我？」楊玉環還是不解。

高力士加油添醋地對楊玉環説：「趙飛燕出身低微，行為放蕩，入宮後使盡手段奪得皇寵，最後被廢自盡身亡。李白將你比作飛燕，不是罵你又是什麼？」

楊玉環這時還沒被封為貴妃，她也正在使用手段鞏固自己的地位。現在聽高力士這麼一説，果然覺得李白是在**詛咒**[①]自己，她氣得臉色鐵青，咬牙切齒地説：「沒想到李學士如此歹毒！」

從那以後，楊玉環徹底改變了對李白的看法，常常在唐玄宗前説李白的壞話，日久天長弄得皇上也開始討厭李白了。

唐玄宗對李白的態度越來越冷淡，起草詔書、侍從遊宴的事也越來越少找他了。翰林院那班平時嫉妒李白的同僚見皇上冷落李白，對他的攻擊也越來越公開化了。

李白天生傲骨，他怎麼能嚥得下這口氣？他終於徹底失望了。他啟奏皇上：要求歸隱山林。唐玄宗也不挽

[①]**詛咒**：原指迷信的人祈禱鬼神加禍於所恨的人。後引伸咒罵別人沒有好下場。

留，爽快地准奏。

公元744年（天寶3年）李白滿懷悲憤地離開了長安。長安是他曾經充滿希望的地方，如今卻成了他徹底失望的傷心地。這年李白四十四歲，他這次離開長安後，終生沒有再到過長安。

想一想

1. 李白為什麼叫高力士脫靴？

2. 李白一心報效國家，卻又為什麼要求歸隱山林？

九 李杜友誼

李白離開長安後，又開始了他四方遊歷的生活。這時他的夫人已經病逝，他也沒有什麼好牽掛的了。

暮春時節，李白來到東都洛陽。當時的洛陽也很繁華，文人薈萃、富商雲集。詩人杜甫也住在洛陽，他當時三十三歲，比李白小十一歲，在詩界初露頭角，詩名還遠不及李白。

杜甫知道李白到了洛陽，立即登門拜訪。因志趣相投，他倆一見如故。李白沒有因為自己名氣大而看不起杜甫，杜甫也沒有因為自己初出茅廬而對李白一味稱頌，他們以平等的態度交往，十分談得來。

他們交談的話題，當然離不開詩歌。杜甫十分佩服李白詩歌的清新、俊逸，李白也稱讚杜甫在《望嶽》一詩中「會當凌絕頂，一覽眾山小」的氣魄。

漸漸地他們把話題從詩歌轉到了現實。李白向杜

知識門

杜甫：

字子美，河南鞏縣人。唐代最傑出的現實主義詩人，被後人稱為「詩聖」。他的詩歌流傳至今的有一千四百多首，其中最著名的有「三吏」、「三別」、《北征》等。

甫介紹了三年來自己在朝廷中的所見所聞：官僚相爭、文人相輕，皇上只顧玩樂不理國事。最後他長歎一聲：「我怎麼能低頭哈腰地伺候別人，叫自己不開心呢！所以我上疏皇上，歸隱山林。」

杜甫在洛陽，也見過不少豪紳富商間的**爾虞我詐**[①]，但他萬萬沒有想到在天子腳下的京城也同樣黑暗。看來太平盛世並不太平啊！

不久，李白離開洛陽。臨別時杜甫寫了一首五言詩《贈李白》，記錄他倆的友誼。他們還相約秋天在梁宋（今河南開封、商丘）再見。

秋天到了，他們在梁宋再次相見時，已經像老朋友一樣了。梁宋是西漢梁孝王封國建都的地方，名勝古跡很多，他們一邊遊覽，一邊寫詩抒懷。在此期間，他們還遇到詩人**高適**，高適這時還沒有做官，但也滿懷建功立業的理想。三人志趣相投，結伴同遊。

他們先遊了梁園故址。這梁園相傳是梁孝王時所建，他當時十分重視文學之士，曾在此

知識門

高適：

字達夫，河北人，唐代著名邊塞詩人。其詩作風雄厚渾樸，悲壯蒼涼，筆勢豪健。

[①]**爾虞我詐**：爾是你的意思，虞是欺騙的意思。這裏是説你欺騙我，我欺騙你，彼此互相玩弄手段。

宴請過司馬相如、枚乘等文學名士。如今梁園已成一片廢墟，當年的舞榭歌台早已蕩然無存。他們面對廢墟，想像着當年的歌舞昇平，心中無限感慨。

他們進而想到：大唐盛世，如今一派繁華。將來會否也變成一片廢墟？他們不禁為國家的未來而擔憂。其實這時安祿山等番將，已在擁兵自重，覬覦着中央宰相的職權，戰爭的陰影正向他們步步迫近。

除了遊覽古跡，他們還常飲酒吟詩，評論文章。他們暢所欲言，言無不盡，互相啟發，取長補短，常常談論到日落西山還意猶未盡。

他們在一起度過了一段無拘無束的好日子。轉眼間秋去冬來，高適因要南遊楚地，向李白、杜甫告別。緊接着李白、杜甫因各自有事也揮淚告別。臨別時，他們又一次相約：明年在東魯再見。

第二年秋天，李白和杜甫在東魯又相見了。在過去的一年中，他們彼此基本上還是過着飄泊浪遊的生活；他們的理想依然無法實現。共同的命運、共同的理想，使他們的友情又加深了。

在這段日子裏，他們一道**尋幽訪古**①，登山臨水，東

---

①**尋幽訪古**：幽就是隱蔽的、不公開的意思。這裏是指尋訪一般人不常到的歷史古跡。

魯一帶的名勝古跡、山山水水都留下了他們的足跡。杜甫在《與李十二白同尋范十隱居》中描繪他們當時「醉眠秋同被，攜手日同行」的情景，可見他們當時已是親密無間、情同手足了。

從詩歌創作風格的角度看，李白的詩可以看作是唐代浪漫主義的最高峯，而杜甫的詩卻代表了唐代現實主義的最高峯。不同的創作風格，並沒有妨礙他們的相互學習和了解，他們彼此從對方的創作中汲取營養，開拓着自己的創作，這在文人相輕的封建時代，是十分難能可貴的。

杜甫後來在他的詩中寫道：「白也詩無敵，飄然不思羣。清新庾開府，俊逸鮑參軍。」庾信和鮑照都是南朝最著名的詩人，深受杜甫推崇。但杜甫在這裏卻認為李白的詩是無敵於天下的，因為他的詩不僅有庾信的清新，而且有鮑照的俊逸。杜甫還說李白：「筆落驚風雨，詩成泣鬼神。」對他敏捷的才思和詩歌的藝術感染力極為佩服。

這兩位偉大的詩人最後在東魯石門山（今山東曲阜）分手。臨別時，李白揮淚寫下《魯郡東石門送杜二甫》。他在詩中寫道：「何時石門路，重有金樽開？」他期望着日後還有重逢的日子。可是無情的命運，卻像

一隻無形的巨手，就此將他們永遠地分開了。在後來**窮愁潦倒**①的飄泊日子裏，他們雖然都深切地懷念着對方，但再也沒有見過面。

1. 你讀過杜甫的詩嗎？你最喜歡的是哪一首？為什麼？
2. 李白為什麼會和杜甫成為好朋友？

---

①**窮愁潦倒**：潦倒就是頹喪、不得意的意思。這裏是指李白和杜甫在生活上窮困，在政治上無法實現自己的理想的境況。

十 十年漫遊

李白漫遊梁宋的時候，在梁園結識了宗楚客的孫女，並和她成了親。

宗楚客是前朝宰相，後在宮廷鬥爭中被唐玄宗所殺。李白和宗氏成親時，宗家已從衰落中漸漸恢復過來了。

李白為了照顧和已去世的前妻生的兩個孩子——女兒平陽、兒子伯禽的生活，把他們也接到東魯，為他們買置了田地，並請了一位魯中婦人照料他們。

李白和杜甫分別後，又以梁園為中心，陸陸續續過了十年漫遊生活。這段時間，李白最先漫遊的地方是越中（今浙江一帶）。

在去越中前，他先到東魯看望了平陽和伯禽，並寫下了流傳千古的《夢遊天姥吟留別》。

他的這首詩是臨行前向朋友們表白心情之作。詩中用浪漫主義手法，通過夢遊，抒發了對山水名勝和神仙世界的熱烈嚮往，強烈地表達了作者鄙棄塵俗、蔑視權貴、追求自由的思想。在這首詩的結尾李白公開地喊出埋藏在心底已久的憤怒：「安能摧眉折腰事權貴，使我

不得開心顏！」

到了越中，李白最先做的事就是去**憑弔**[1]已去世的著名詩人賀知章。

賀知章是李白最敬佩最感激的前輩詩人。想當年長安相見，賀知章高官厚祿，詩名遠播，卻那麼看重自己，稱自己為「謫神仙」，並解下金龜為自己付酒款。像賀知章這樣看重自己又能提攜自己的人實在是太少了。看如今滿朝權貴，一個個爭權奪利，勾心鬥角，又有誰會欣賞自己的才華呢？李白想到這裏不由感慨萬分。

李白在越中漫遊了兩三年，時時掛念着寄居東魯的兩個孩子。

他曾寫下一首感情深摯的五言詩《寄東魯二稚子》。他在詩中寫道：「嬌女字平陽，折花倚桃邊。折花不見我，淚下如流泉。小兒名伯禽，與姐亦齊肩。雙行桃樹下，撫背復誰憐？」是啊，前妻許氏早逝，自己又遠遊在外，女兒和兒子得不到父母的愛撫。難怪李白「念此失次第，肝腸日憂煎」了。

李白在越中漫遊了幾年，就離開了越中。當他經過安徽涇川（今安徽涇縣）時，忽然收到一位名叫汪倫的

---

[1] **憑弔**：面對遺跡、墳墓等表示懷念。

豪士託人帶來的一封邀請信。

汪倫在信中表達了自己對李白的仰慕之情，並熱情地邀請李白到家裏作客。汪倫還在信中告訴李白：在自己家附近有十里桃花、萬家酒店，可讓李白觀賞豪飲。

李白按信中的地址找到汪倫家，卻沒有見到附近有什麼十里桃花和萬家酒店。他不解地問汪倫是怎麼回事。

汪倫哈哈大笑，他解釋說：「我在信中所講的『桃花』是水潭名，並不是真有桃花；『萬家酒店』是酒店的主人姓萬，並不是有一萬家酒店。我可沒騙你啊。」

李白聽了汪倫的解釋，也忍不住笑了起來。他見汪倫如此豪放，也就留下來住了幾天。

幾天後，李白要走了，汪倫又送給他許多**盤纏**[①]，並親自到岸邊唱着歌為李白送行。李白十分感激汪倫的盛情款待，於是揮毫寫下了《贈汪倫》：

李白乘舟將欲行，

忽聞岸上踏歌聲。

桃花潭水深千尺，

不及汪倫送我情。

[①]**盤纏**：旅費；路費。

這首詩表達了李白和汪倫的真摯友情。

李白在五十多歲時曾去東魯探望過女兒和兒子。後又返回梁園和妻子宗氏住了一段日子。這時社會上廣泛地流傳着安祿山想造反的説法，為了了解事情真相，李白決定親自去幽燕（今北京一帶）──也就是安祿山的老巢，以探虛實。

妻子宗氏知道李白的打算後，極力勸他不要去幽燕。李白的朋友們也紛紛勸他不要去，因為那實在是太危險了。但李白決心已定，誰也勸阻不住。

臨行前他留詩贈詩人于逖和裴十三，詩中寫道：「且探虎穴向沙漠，鳴鞭走馬凌黃河。恥作易水別，臨歧淚滂沱。」他抱着壯士一去不復還的氣概上路了。

李白到了幽燕，親眼看到安祿山**秣馬厲兵**①，準備造反。他為了招兵，甚至規定凡介紹一人當兵，就獎二兩銀子。

這時唐玄宗早已冊封了楊玉環為貴妃，整日吃喝玩樂不理朝政，大權落在楊貴妃堂兄楊國忠的手裏。楊國忠是一個只曉得瞞上欺下的大奸臣，放着北邊想造反的安祿山不管，卻發兵南征雲南，結果大敗而歸，幾乎全

---

①**秣馬厲兵**：秣是餵的意思；厲是磨的意思；兵是指兵器。把馬餵好，把兵器磨鋒利，形容準備戰鬥。

軍覆沒。

一邊是奸臣當道，國力空虛；一邊是安祿山兵強馬壯，圖謀造反。形勢已經十分危險了。

李白面對這一切，卻毫無辦法。一個無權無勢的詩人，縱有再好的才華，面對這樣的現實，又能做些什麼呢？

李白離開幽燕後，又在宣城、金陵（今南京）等地漫遊了兩三年。

從李白離開長安算起，他已經度過了整整十年飄泊漫遊的生活。

在這十年裏，他還抱着「濟蒼生」、「安社稷」的想法，關心着國家大事和人民的疾苦。

在這十年裏，李白創作了大量詩歌。他在詩中抒發自己懷才不遇的苦悶，批判現實的黑暗。隨着唐王朝政治腐敗程度的加深，李白詩中的批判力度也在加深。此外，李白還寫了大量歌頌國家大好河山和表現親友間深情厚誼的詩篇。

這十年李白在政治上毫無建樹，但卻把自己的詩歌創作推向了一個新的高峯。

想一想

1. 汪倫用什麼辦法請李白去他家作客？

2. 你贊不贊同李白去幽燕查探安祿山是否造反？為什麼？

十一 戰亂生活

公元755年（天寶14年），李白五十五歲了。安祿山經過多年的準備，終於在這年11月打着「清君側」的旗號，發動了一場叛亂。不久，史思明也起兵響應，一時間天下大亂。這就是歷史上著名的安史之亂。

安祿山原來只是幽州節度使張守珪手下的一名偏將，因為他善於巴結，諛媚權貴，官職得以迅速提升。後來他多次到長安朝見唐玄宗，看到朝廷腐敗，就生了叛亂之心。

他一方面極盡所能巴結皇上、貴妃和權力極大的高力士等人，甚至認了年紀比自己還要小的楊貴妃做乾娘。另一方面卻招兵買馬，儲備糧草，伺機叛亂。

對於安祿山的陰謀，朝野早有察覺，並有許多人多次向皇上啟奏過。可唐玄宗整日寵信楊貴妃，只顧吃喝玩樂，不管朝政。他甚至把一些揭發安祿山想叛亂的人縛送給安祿山處死，終於養虎為患鑄成大錯。

戰亂開始不久，梁園便落入叛軍之手。李白無家可歸，只能南逃避難。

在南逃途中，李白寫下了大量詩篇來表達他對叛軍的痛恨，對國家和人民的命運的擔憂。洛陽淪陷後，他在《古風》第十九首中寫道：「俯視洛陽川，茫茫走胡兵。流血塗野草，豺狼盡冠纓。」就是說洛陽一帶為胡兵所佔，鮮血染紅了野草，豺狼們卻在人民的血泊中**彈冠相慶**[①]做了大官。

李白最後逃到廬山隱居起來。他在《贈王判官時餘歸隱居廬山屏風疊》一詩中寫道：「大盜割鴻溝，如風掃落葉。吾非濟代人，且隱屏風疊。」反映出國難當頭，詩人卻報國無門的悲憤心情。

就在李白南逃避難、最後隱居廬山的這段日子裏，洛陽、長安相繼失守，唐玄宗被迫西逃。

在唐玄宗西逃的過程中，護送唐玄宗的**羽林禁軍**在行至馬嵬驛時突然嘩變。他們先殺死楊國忠，繼而逼迫唐玄宗縊殺楊貴妃。

原來，這場兵變是太子李亨一手策劃的。不久，李

知識門

羽林禁軍：
以官員和功臣子弟為主組成擅長越騎步射的精幹軍隊。負責朝會時的執仗、皇帝巡幸時的護衛和負責京師守衛。

[①]**彈冠相慶**：指有一個人當了官，他的親朋好友就互相慶賀將來也有官可做。

亨在靈武（今寧夏靈武）稱帝即位，就是肅宗，改年號為至德。唐玄宗當了**太上皇**[①]還蒙在鼓中。就在李亨稱帝之後的三天，唐玄宗仍以皇帝的名義發詔，任命太子李亨為天下兵馬大元帥，領朔方、河東、河北、平盧節度都使，負責收復黃河流域的使命；任命永王李璘為山南東道、嶺南、黔中、江南西道四道節度都使，江陵大都督，負責保衛和經營長江流域的使命。

李璘是唐玄宗的第十六子，肅宗的異母弟弟。他在受命後，立即上任招兵買馬，很快形成一股不可忽視的軍事力量。

如果肅宗、李璘兩股軍事力量合力平叛，很快就可天下太平。不料肅宗卻認為李璘日後對他的帝位有威脅，於是他以皇帝的身分急令李璘帶兵去蜀地，調離江陵。

李璘根本不買肅宗的帳，他非但不帶兵去蜀地，反而沿江東下，一路擴充兵力。當他經過廬山時，慕李白大名，便再三派人邀請李白入幕，以壯聲色。李白正愁報國無門，見到永王李璘如此信任，便欣然前往，成了

[①]**太上皇**：指皇帝的父親。

永王的**幕僚**[1]。

李白在很短的時間裏便寫了十一首總題為《永王東巡歌》的詩。他在詩中熱情地頌揚永王李璘，並以謝安自比，表示要輔佐永王，平定安祿山的叛亂，收復長安，為國立功。

肅宗見李璘不聽調遣，認定他想謀反，覺得李璘的危害比安祿山更大。於是他放下北方的安祿山不打，卻調兵遣將，南下攻打李璘。真是外亂未止，內亂又起！

兩軍相遇，李璘一觸即潰。這主要是因為李璘當初是打着平叛安祿山的旗號招兵買馬的，現在要和肅宗爭奪帝位，誰願賣力？結果李璘被殺，作為李璘幕僚的李白也成了俘虜。

李白一生希望能「濟蒼生」、「安社稷」卻一直報國無門，現在好不容易有了一點機會，但轉眼間他卻變成了「叛軍」，命運和他開了一個殘酷的玩笑，他莫明其妙地成了肅宗兄弟間爭權奪利的犧牲品。

李白被俘後，他的夫人宗氏為他多方奔走卻毫無結果。所幸的是直接處理李白案件的兩位官員為人正直，

---

[1]**幕僚**：古代稱將帥幕府中的參謀、書記，後泛指文武官署中的佐理人員。

他們深知李白是無辜的，結果不但不治李白的罪，反而一再上表朝廷，向朝廷薦舉李白。

　　肅宗平定李璘後，掉頭北上，再去對付叛賊安祿山。他收復長安後，又將李璘案重新審理。肅宗覺得李白名揚天下，如果追隨「反賊」卻獲輕判，肯定會帶來壞影響。他決定將李白處死。

　　在征討安祿山叛亂這場戰爭中立下赫赫戰功的天下兵馬副元帥郭子儀，得知肅宗要定李白死罪，連忙進宮面見肅宗，勸説肅宗不要殺李白。

　　郭子儀説李白參加永王幕府，完全是出自愛國忠心，他事先並不知道永王要反叛，頂多只能説他是好心辦錯事。如果殺了他，豈不是讓天下人説我們堂堂大唐王朝竟然容不下一個書生。何況他還是太上皇當政時的翰林學士，名滿天下的詩人。

　　朝廷許多官員見郭子儀力保李白，也紛紛表示希望肅宗能免李白死罪。但是還有一些官員認為：正是因為李白名聲太大，他寫詩歌頌叛逆的影響就更大。如果不殺，天下人都像他一樣，還怎麼治理？

　　肅宗不想為一個李白引起百官爭吵，就用折衷的辦法，下旨決定對李白從輕發落，免其死罪，流放夜郎（今貴州桐梓縣一帶）。

　　聖旨下達，地方官員只好執行。臨行前，李白夫人宗氏還不死心。她求地方官員寬限幾天，以便再找門路，求得進一步赦免。

　　李白苦笑着對宗氏説：「你就不要白費心機了。連郭子儀求情都只能免去死罪，流放夜郎，你還能去求誰呢？」

　　李白終於在兩個解差的押送下，踏上了茫茫的流放之路。

想一想

1. 為什麼會發生「安史之亂」？

2. 李白忠君愛國，為什麼反成了階下囚？

十二 流放遇赦

　　李白是從尋陽開始走上流放之路的，那時他已是五十八歲了。

　　他走的是長江水路，經江夏，過三峽，然後走向流放地夜郎。

　　李白乘船逆水而上，一路行程艱難。他常常坐在船頭，望着滔滔不盡迎面而來的江水發呆。他在回顧自己的一生，他覺得自己的一生就像這逆水而上的小船，充滿了艱難曲折。他不明白，為什麼自己才華橫溢，生活中卻充滿了坎坷。莫非這就是人們常說的命運？

　　兩個解差見李白常常坐在船頭，呆呆地看着江水，半天不說一句話，生怕他一下子想不開投江自盡，於是有一句沒一句地找話逗李白講話，李白也心不在焉地回答着。直到後來解差借口船頭風大，叫李白回船艙坐時，李白才明白解差的意思。

　　李白苦笑着對解差說：「你們不必擔心我會尋死，害得你們交不了差。我好不容易才保住這條命，我還要等着大赦，回去與家人團聚呢。」

可是真能等到大赦嗎？李白心裏一點也沒底。

就這樣走走停停，停停走走，他們的行程極慢。李白不時也寫一些詩，這些詩大都表現了李白被流放時的悲涼心境。

走了差不多一年，他們終於來到了奉節（今四川奉節），這是他從二十五歲離開蜀中後第一次重踏這塊土地。三十四年過去了，**彈指一揮間**①。李白想到自己一心報效國家，如今不是衣錦還鄉，而是以帶罪之身回來，不禁感慨萬分。

從奉節出發，就該南下黔中，離夜郎不遠了。李白借故在奉節停留了較長時間。這一天，突然喜從天降：朝廷大赦天下！

李白聽到消息，簡直不敢相信這是真的。開始流放時，他天天想大赦而不可得。如今他不再抱希望時，大赦又突然降臨頭上。他又一次感到命運捉弄人，一打聽才知道原來是因為關中大旱，朝廷為安撫人心，宣佈大赦，赦書規定：天下現禁囚徒，死罪一律改為流放；流放罪以下，一律免罪釋放。就這樣，李白在經歷了一年的流放後，還沒到達目的地夜郎，又重新獲得了自由。

---

①**彈指一揮間**：比喻時間流逝得很快，幾十年一轉眼就過去了。

　　李白立即趕到奉節的白帝城，僱船東下。小船順水而下，一日千里，輕快無比。李白欣喜若狂地站在船頭，欣賞着兩岸的風景。白帝城在身後漸漸遠去，最後終於消失在天邊的彩雲間。兩岸的樹木鬱鬱葱葱，不時傳來猿猴的嬉戲叫聲，彷彿是在為李白送行。入夜時分，李白已經可以看到江陵的萬家燈火了。於是他提起筆，寫下了膾炙人口的《早發白帝城》：

朝辭白帝彩雲間，

千里江陵一日還。

兩岸猿聲啼不住，

輕舟已過萬重山。

　　船飛快地駛過江陵，來到江夏，李白上了岸。江夏的文人墨客知道李白結束流放，來到江夏，紛紛前來看望，為他接風洗塵。一些地方官員也紛紛前來請他赴宴作詩。一時間，李白又覺得自己還有機會實現自己「濟蒼生」、「安社稷」的理想。

　　當年安祿山起兵佔領長安後不久，便被自己的兒子安慶緒所殺。安慶緒兵敗長安後不久，又被後來**崛起**[1]的史思明所殺。安史叛軍的內鬨大大削弱了叛軍的力量，

---

[1]**崛起**：指突起或興起，這裏是形容強大起來。

82

朝廷軍隊借此打了不少勝仗，國家形勢一天天好轉，但現在叛軍還沒被完全消滅。

李白認定此時國家需要各方面的人才，他多麼希望自己還能出來幹一番事業啊。可是他很快發現儘管上上下下的官員對他都很客氣，但是他們請他赴宴作詩無非是借他的詩名讓他作一個陪襯。當今皇上根本沒把他放在眼裏。他依然和過去一樣，空有才華，報國無門。

李白在江夏住了一段時間，終於悶悶不樂地離開了那裏。

李白回到家裏，和夫人宗氏團聚，這時家裏早已因為戰亂變得**一貧如洗**①。李白六十歲生日時，宗氏不得不靠變賣首飾，才為李白置辦了一桌酒席。

不久，李白又再次告別夫人，走上出遊之路，靠寫詩文養活自己。一路上他看到戰亂給國家和人民帶來的災難，十分同情，寫下不少詩，表達自己憂國憂民的心情。他的《豫章行》一詩中寫道：「胡風吹代馬，北擁魯陽關……本為休明人，斬虜素不閒。豈惜戰鬥死？為君掃兇頑……」這詩表達了李白對眼前這場戰爭的態度：一方面他對一向生活在和平環境中，從不會打仗的

---

①**一貧如洗**：貧窮得像洗過那樣一無所有。

新徵士兵要上戰場表示了同情；另一方面他又覺得大敵當前，每個人都應該勇敢殺敵，甚至不惜犧牲自己而為國立功。他的這首詩和杜甫的《新安吏》有着**異曲同工**[①]之妙。

　　李白流落在江南一帶，十分窮愁潦倒。有時連吃飯都成問題。後來他流落到金陵，他的遭遇和在江夏時差不多，許多官員請他赴宴寫詩作點綴，但誰也無法從根本上幫助他實現自己的理想。

1. 李白是因為什麼而被赦免的？
2. 李白寫《早發白帝城》這首詩時，心情是怎樣的呢？

[①]**異曲同工**：意思是曲調雖然不同，卻都同樣美妙。

十三 與世長辭

公元761年，叛軍首領史思明被他的兒子史朝義殺死。史朝義奪得軍權後，率領精兵包圍了宋州，宋州向朝廷告急。朝廷還沒作出反應，宋州已落叛軍之手。朝廷封天下兵馬副元帥李光弼為臨淮王，出鎮徐州，命他收復宋州，阻止叛軍南下。

李白在金陵聽到消息，不顧自己已是六十一歲的高齡，毅然打算取道揚州，再上徐州去李光弼的大帥府，為國家**請纓殺敵**[①]。不料他剛到揚州就病倒了，只好重返金陵。

李白在金陵沒有親人，加上戰亂時期，物價昂貴，他無法在金陵住下去，左思右想，最後決定去當涂縣投靠當涂縣令李陽冰。

李陽冰是李白的遠房叔叔，見到李白來投靠自己，顯得十分熱情。他雖然是李白的叔輩，但其實年紀和李

[①] **請纓殺敵**：纓是一種彩色帶子或線、繩子，用作裝飾。這裏指主動請求參加戰鬥，打仗殺敵。

白差不多，又都是博學多才的藝術家，所以兩人很投契。

李白在李陽冰處住了一段時間，覺得身體漸漸好轉，他不願拖累李陽冰，就離開當涂縣又一次出遊了。

李白來到以前遊歷過的宣州，發現以前結交的朋友因為戰亂死的死，走的走，心情感到十分惆悵。當時宣州新任太守是季廣琛，這季廣琛李白也曾認識，是一個才能十分平庸的人。李白心想連這樣的人也能當上太守，為什麼自己就不能得到効忠國家的機會呢？心裏不免嗟歎。

季廣琛知道李白來了宣州，邀請他赴宴寫詩。李白心想季廣琛也許會給自己機會為國家做點事，很高興地去了，不料宴會後，季廣琛只給了他一點錢，作為寫詩的酬金就打發了他。

李白懷着惆悵的心情離開宣州，又重遊了南陵等地。但是由於戰亂，**滿目瘡痍**[①]，昔日故友也都人去樓空。李白始終沒有找到可以安身的地方。百般無奈，他

[①]**滿目瘡痍**：瘡痍即創傷。滿眼所看到的都是創傷，形容受到嚴重破壞的景況。

只好重回當涂，投靠李陽冰。

李白回到當涂不久，就又病倒了。他這次病得很重，儘管李陽冰不斷為他請醫生看病，但他的病卻越來越重了。

李白知道自己的病已經很難治好了，他在病牀上想了很多。想起許多舊朋友：東嚴子、孟浩然、郭子儀、賀知章、杜甫……要是這些人能重聚在一起，吟詩作對、談古論今，會是一件多麼令人開心的事！

他請來了李陽冰，請李陽冰幫他打開衣箱，將裏面的詩稿全拿出來。他在牀上託咐李陽冰：「我一輩子總希望能為國出力，可是總也得不到機會。現在我能留給後人的只有身邊帶的這些詩了。其實我一生所寫的詩遠不止這些，大部分詩都是隨寫隨送人。我身邊帶的這些詩只有幾千首，千萬不能再流失了。我本想把這些詩編個集子留給後世，可惜我身體不爭氣，只好請你幫這個忙了。還請你為這個集子寫個序，好在你是了解我的。」

序：

文體名。也作「敍」。在書前介紹、評述該書內容的文字。又稱「序文」、「序言」、「前言」。

李陽冰一向佩服李白的才華，也喜歡他的詩。現見李白這樣託咐自己，很難過地點着頭，還說了一些他的

病一定會好起來的寬心話，並勸他安心養病。

李白的病一天比一天重，請來的醫生也都表示無能為力了。有一天，李白忽然覺得自己身體好多了，他掙扎着起了牀。李陽冰急忙前來阻止，勸他臥牀靜養。

李白卻笑道：「我覺得自己的病好多了，幾天不寫詩，我早就手癢了，請快拿筆墨來，我要寫詩。」

李陽冰一邊疑惑地看着李白，一邊叫人快拿筆墨過來。李白接過筆，只見他飽蘸濃墨，一氣呵成地寫下了他生平最後的一首詩《臨終歌》：

大鵬飛兮振八裔，

中天摧兮力不濟。

餘風激兮萬世，

遊扶桑兮掛左袂。

後人得之傳此，

仲尼亡兮誰為出涕！

李白在這首詩中以大鵬自比：大鵬展翅在高空遨遊八方，卻因為力量不足在高空摧落了。但是牠在高空遨遊時的餘風卻能激勵萬世，在中國大地上久久遊蕩。可是當世人得到大鵬摧落的消息，有誰能像死去的孔子那樣為摧落的大鵬而流淚呢？

李陽冰見李白寫完詩，又勸他回牀上躺下。李白

躺下後，又再一次囑託李陽冰為他編詩集。李陽冰答應了李白請求，並説：「你的才華蓋世無雙，你的詩作是決不會被埋沒的。現在已經有一些選本，選錄了你不少詩哩。你放心好了，我一定會盡心盡力地編好你的詩集的。」

李陽冰見李白精神狀態比以往大有好轉，不由暗自高興，他哪裏想得到，這是李白臨終前的一種**回光返照**[①]的現象呢。

公元762年，就在李白寫完《臨終歌》後的幾天，六十二歲的李白終於與世長辭。

就在李白逝世的這一年，唐玄宗、唐肅宗先後死去，代宗李豫即位，詔命李白為左拾遺。可惜的是當詔書下達的時候，李白早已離開人世了。李白若九泉有知，他大概會又一次感慨命運捉弄人！

李白逝世後，李陽冰按照他的臨終囑咐，將他留下的詩文編成了《草堂集》十卷並寫了序。他在序中説：「當時著述，十喪其九。」也就是説《草堂集》十卷只收錄了李白生前大約十分之一的著作。

[①]**回光返照**：指由於日落時的光線反射，天空又短時間地發亮的現象。比喻人將死亡前神志忽然清醒或短暫的興奮。

　　可惜的是，《草堂集》十卷也沒能流傳下來。如今流傳於世的《李太白全集》只收錄了李白九百多首詩和一些文章，比起《草堂集》更是少得可憐。李白詩文的大量遺失，是我國文化遺產不可估量的損失。

想一想

1. 李白的《臨終歌》，表達了一種什麼樣的心情？

2. 李白一生寫了不少詩作，流傳至今的有多少首？你會背誦哪幾首？

十四 名垂千古

李白逝世已經一千二百多年了，但他的名字在我國卻是家喻戶曉，老幼皆知。

許多活躍於政壇的風雲人物，可能會在幾十年間就被新一代人所漸漸遺忘，而李白的名字卻能千秋萬代永放光彩。

李白生前空懷「濟蒼生」、「安社稷」的政治理想，但在當時的社會制度下，他報國無門，在政治上，他可以說是毫無建樹。但是，正如他所說：「天生我才必有用」，他憑着他留給後世的九百多首詩而名垂千古。

李白生前是不幸的，但正是這種不幸，使他能有更多的時間從事詩歌的創作；也正是這種不幸，使他能更清楚地審視社會和人生。從這個角度來講，李白又是幸運的。如果李白年紀輕輕就步入仕途，並能順順利利地當一輩子官，他還能寫出這麼多好詩嗎？

中華五千年歷史，文化璀璨輝煌。提起中華文化就不能不講唐詩，提起唐詩就不能不講李白。因為李白是

唐代最偉大最傑出的詩人！

在唐代眾多的著名詩人裏面，除杜甫、白居易等極個別著名詩人的成就比較接近李白的水平外，其他著名詩人的成就和李白的成就相比，都有較大的距離。李白不僅是中華文化史上一位偉大的詩人，也是世界文化史上的一位偉大的詩人。

李白已經名垂千古，李白還將名垂千古。

除了前面章節中所提到的李白詩作外，李白還有許多膾炙人口的作品，下面特輯錄一、二，讓我們在緬懷偉大詩人一生之餘，再一起欣賞大詩人的名作。

早發白帝城

朝辭白帝彩雲間，

千里江陵一日還。

兩岸猿聲啼不住，

輕舟已過萬重山。

月下獨酌

花間一壺酒，

獨酌無相親。

舉杯邀明月，

對影成三人。

月既不解飲，

影徒隨我身。

暫伴月將影，

行樂須及春。

我歌月徘徊，

我舞影零亂。

醒時同交歡，

醉後各分散。

永結無情遊，

相期邈雲漢。

春思

燕草如碧絲，

秦桑低綠枝。

當君懷歸日，

是妾斷腸時。

春風不相識，

何事入羅幃。

客中作

蘭陵美酒鬱金香，

玉碗盛來琥珀光。

但使主人能醉客，

不知何處是他鄉。

山中問答

問余何意棲碧山，

笑而不答心自閒。

桃花流水窅然去，

別有天地非人間。

望天門山

天門中斷楚江開，

碧水東流至此回。

兩岸青山相對出，

孤帆一片日邊來。

獨坐敬亭山

眾鳥高飛盡，

孤雲獨去閒。

相看兩不厭，
只有敬亭山。

關山月

明月出天山，
蒼茫雲海間。
長風幾萬里，
吹度玉門關。
漢下白登道，
胡窺青海灣。
由來征戰地，
不見有人還。
戍客望邊邑，
思歸多苦顏。
高樓當此夜，
歎息未應閒。

秋浦歌

白髮三千丈，
緣愁似箇長。
不知明鏡裏，

何處得秋霜。

子夜吳歌

長安一片月，

萬戶搗衣聲。

秋風吹不盡，

總是玉關情。

何日平胡虜，

良人罷遠征。

登金陵鳳凰台

鳳凰台上鳳凰遊，

鳳去台空江自流。

吳宮花草埋幽徑，

晉代衣冠成古丘。

三山半落青天外，

二水中分白鷺洲。

總為浮雲能蔽日，

長安不見使人愁。

金陵酒肆留別

風吹柳花滿店香，
吳姬壓酒喚客嘗。
金陵子弟來相送，
欲行不行各盡觴。
請君試問東流水，
別意與之誰短長。

贈孟浩然

吾愛孟夫子，
風流天下聞。
紅顏棄軒冕，
白首臥松雲。
醉月頻中聖，
迷花不事君。
高山安可仰，
徒此揖清芬。

送友人

青山橫北郭，
白水繞東城。

此地一為別，

孤蓬萬里征。

浮雲遊子意，

落日故人情。

揮手自茲去，

蕭蕭斑馬鳴。

望廬山瀑布

日照香爐生紫煙，

遙看瀑布掛前川。

飛流直下三千尺，

疑是銀河落九天。

想一想

1. 為什麼說，李白的一生既是不幸的，又是幸運的？

2. 李白為什麼能名垂千古？

大事年表

公元	年齡	事件
701年		李白出生在西域碎葉（唐時屬安西都護府，今屬吉爾吉斯斯坦共和國）。
705年	5歲	隨父親移遷綿州昌隆（今四川省江油縣青蓮鄉）。
720年	20歲	李白在此前後一直在蜀中讀書並遊歷。
725年	25歲	離開蜀中漫遊天下。
742年	42歲	被唐玄宗詔赴長安，供奉翰林。
744年	44歲	因傲視權貴，得罪朝臣，被唐玄宗「賜金還山」。
756年	56歲	參佐永王李璘幕府。
758年	58歲	李璘兵敗，李白被判「附逆」之罪，流放夜郎。
759年	59歲	在赴夜郎途中獲赦，恢復自由身。
761年	61歲	前往李光弼軍中請纓殺敵，以圖暮年報效國家，途中因病折回。
762年	62歲	因病死於安徽當涂縣族叔李陽冰家中。

李白詩選讀賞析

望廬山瀑布

日照香爐生紫煙，遙看瀑布掛前川。

飛流直下三千尺，疑是銀河落九天。

語譯：

　　在陽光的照耀下，香爐峯周圍生起紫色的煙嵐霧氣。遠遠望去，瀑布就像高高懸掛在一條大河前面。水就像在三千多尺的高處筆直地飛濺瀉下，讓人懷疑這是銀河之水從天空中傾倒下來了。

賞析：

　　廬山是中國名山之一，在江西省九江市，是中國著名的風景區，香爐峯是廬山其中一個山峯。

　　這首詩描寫了李白到廬山瀑布遊覽時所見的美景，他用誇張的手法描寫瀑布的高度，更想像眼前的瀑布是從天上而來的銀河！李白奇特的想像，不但寫出廬山瀑布的雄偉壯觀，更為它增添不少奇幻色彩。

獨坐敬亭山

眾鳥高飛盡，孤雲獨去閒。

相看兩不厭，只有敬亭山。

語譯：

　　雀鳥們全都高飛遠去，無影無蹤；天空中僅有的一片雲朵都悠閒地向遠方飄去。和詩人默默互相對望，怎樣看也看不厭倦的，就只有敬亭山了。

賞析：

　　敬亭山在宣州（今安徽宣城）境內，山上風景幽美。這首詩是李白離開長安之後，經過多年漫遊，來到宣州時所寫的。無法施展抱負和長年漂泊的生活讓李白內心充滿痛苦。

　　這首詩運用了擬人的手法，李白想像鳥兒、雲朵都離自己遠去，只有敬亭山跟自己對望，抒發出他寂寞孤獨的心情和不被賞識的無奈。

創意寫作

　　李白一心報効國家，卻被判「附逆」之罪，流放夜郎。假如你是李白的朋友，請你寫一封信給他，給予他安慰和鼓勵。